AF285923

Ich fand eine Mundharmonika

... improvisieren & experimentieren...

A-2511 Pfaffstätten bei Baden/Wien, Österreich.
www.hartlieb.net
email: c.fatall@gmx.at.
Herstellung und Verlag: Books on Demand GmbH,
Norderstedt, Deutschland. 2007

ISBN: 978-3-8334-9548-9

Inhaltsverzeichnis

1. Einleitung

Vor knapp drei Jahren fand ich zufällig in einem meiner Kästen eine alte Mundharmonika. Nach einer Phase des Ausprobierens und Experimentierens fing ich Feuer für dieses kleine Instrument. Anfangs aus purem Spaß gespielt, verhalf es mir im Laufe der Zeit zu einem ganz neuen Zugang zur Improvisation bzw. zu einem neuen Verständnis für die Ausdrucksvielfalt meines Körpers und meiner Seele. Die Mundharmonika führte mich zu „Fließerfahrungen", zu Inspirations- und Intuitionserlebnissen innerhalb meiner künstlerischen Schaffensprozesse und darüber hinaus zu transpersonalen Erfahrungen. Ich lernte die für mich gänzlich neue Welt des Blues kennen und lieben. Die spielerische, leichte Herangehensweise an dieses Instrument hat für mich viele Fragen zum herkömmlich-konservativen Unterrichten aufgeworfen. Aus meinen Erfahrungen würde ich heute dem „Instrument als Lehrer" mindestens ebenso viel Bedeutung beimessen wie dem Unterricht erteilenden Lehrer. Es gilt, sich öffnen zu lernen und sensibel zu werden für die eigene innere Führung und der Führung des eigenen Instruments zu vertrauen.

Es würde mich freuen, wenn meine Zeilen anderen Musikern neue Erfahrungen ermöglichen.

Bedanken möchte ich mich herzlich bei meinem Schweizer Lehrer Roland van Straaten, sowie bei allen Mundharmonikaspielern aus und rund um Wien, die mir hilfreich zur Seite gestanden sind.

2. Die chromatische Mundharmonika und die Blues Harp

Die Mundharmonika ist ein Atmungsinstrument. Das bedeutet, dass die Tonerzeugung sowohl durch Blas- als auch durch Ziehtöne erfolgt. Indem ich einatme und indem ich ausatme, bringe ich die Stimmzungen, die auf einer Stimmplatte innerhalb des Instruments befestigt sind, in Schwingung und somit zum Klingen.

Es gibt zahlreiche sehr unterschiedlich gebaute und gestimmte Mundharmonikas. Ich beschränke mich im Folgenden auf eine knappe Darstellung der chromatischen Mundharmonika und der Blues Harp, da dies für das Verständnis meines nachfolgenden Textes absolut ausreichend ist. Der interessierte Leser sei auf das Literaturverzeichnis am Ende des Buches verwiesen.

Auf einer chromatischen Mundharmonika sind alle Töne verfügbar. Die Tonanordnung der Hauptstimmplatte ist derart, dass die gesamte Tonleiter über dem Grundton des Instruments gespielt werden kann. Zur Erzeugung der fehlenden Halbtöne zum Zweck des vollchromatischen Spiels, wird ein Schieber an der Seite betätigt, der eine zweite Stimmplatte aktiviert, deren Stimmzungen alle einen Halbton höher gestimmt sind als die Stimmzungen der Hauptstimmplatte.

Die Blues Harp ist eine Mundharmonika, die gänzlich anders gestimmt ist und auch keinen Schieber an der Seite hat. Ursprünglich wurde sie von J. Richter entwickelt, um die Begleitung von Volksmusik zu ermöglichen. Ziel war nicht nur das einfache Melodiespiel zu ermöglichen, sondern vor allem das Akkordspiel zur Begleitung von Volksliedern. Dass sich auf einer Blues Harp mittels spezieller Techniken die teilweise sehr expressiv klingenden fehlenden Töne der Tonleiter erzeugen lassen, entdeckten etwas später die schwarzen Musiker, die das Instrument in ihr Blues-Spiel integrierten. Daher kommt der Name Blues Harp.

Da auf der Blues Harp, wie schon erwähnt, viele Töne der chromatischen Tonleiter fehlen, ist es üblich, für jede Tonart eine eigene Harp zu verwenden, um zumindest die Haupttöne des jeweiligen Liedes zum Spielen zur Verfügung zu haben. Aus diesem Grunde tragen viele Harp Spieler die Harps aller Tonarten bei sich.

Um nun diese fehlenden Töne zu erzeugen, ist es notwendig, spezielle Ansaug- und Blastechniken der Tonmanipulation zu erlernen. Zunächst gibt es die Technik des „Bendens", wobei Ziehtöne mittels spezieller Veränderungen im Mundraum bis zu einer kleinen Terz „hinunter gebogen" werden können. Weiters gibt es so genannte „Blasbendings", wobei Blastöne, hauptsächlich der dritten Oktave, hinunter gebogen werden. Bei der Erzeugung von „Overblows" können ausgewählte Blastöne um bis zu einer kleinen Terz erhöht werden. „Overdraws" vermögen manche Ziehtöne um einen Halbton zu erhöhen.

3. Meine Geschichte mit der Mundharmonika

Es war eine Mischung aus Langeweile und schlechter Laune während ich dem Versuch nachging, in einer meinen Schubladen Ordnung zu schaffen – als mir die alte Mundharmonika in die Hände fiel, die mir mein Vater vor Jahren einmal geschenkt hatte. Doch genauso wenig wie er hatte ich mit ihr etwas anfangen können und so war sie jahrelang unbeachtet in einem meiner Kästen gelegen. Bis zu diesem Tag, an dem ich mir erstmals die Frage stellte, wie so ein Instrument überhaupt zu spielen sei. Einige Vorerfahrungen mit anderen Instrumenten waren hilfreich um rasch herauszufinden, dass es ein sonderbares System der Tonerzeugung gab. Immerhin hatte ich auf einem Kanal mehrere Möglichkeiten: ich konnte Luft hinein blasen oder ansaugen, einen oder den zweiten Schieber, die sich an der Seite des Instruments befanden, betätigen.

Schließlich ging ich in ein Musikgeschäft, zeigte dem Verkäufer mein Instrument und fragte ihn nach einer Unterrichtsliteratur dazu. Es musste doch eine Schule zu so einem Instrument geben. Gab es auch, aber nicht lagernd, meinte er – ziemlich verwundert über den 2. Schieber an der Seite - außerdem gäbe es Schulen nur für Mundharmonikas ohne Schieber, für so genannte Blues Harps. So habe ich erfahren, dass es Mundharmonikas gibt, die hauptsächlich von Blues-Spielern verwendet werden und solche, die mit einem Schieber zur Erzeugung der Halbtöne ausgestattet sind. Zu meinem Instrument mit den 2 Schiebern konnte er mir leider nichts sagen. Ich kaufte mir noch eine zweieinhalb-oktavige Mundharmonika, die einzige und letzte, die er lagernd da hatte und freute mich, einen Schieber weniger zu haben. Nun kam ich der Sache wesentlich leichter auf die Spur: blasen, ziehen, mit oder ohne Schieber – aha, vier Möglichkeiten der Tonerzeugung auf einem Loch. Bald versuch-

9

te ich einfache Volks- und Kinderlieder und fand das spannend. Warum aber gingen die ganz tiefen und die ganz hohen Töne so schwer? Da musste es irgendeinen Trick geben. Auch verwirrte mich, dass ich nicht über die Oktave hinaus spielen konnte. Irgendetwas stimmte mit der Tonanordnung nicht. (Erst später bemerkte ich, dass der Grundton jeweils doppelt angelegt ist.) Zufällig traf ich in den folgenden Tagen einen bekannten Musiker, dem ich von meinen Versuchen erzählte. Er lachte und nannte mir eine Kollegin, die Mundharmonika spielte und sogar in Wien unterrichtete.

4. Meine erste Unterrichtsstunde

Isabella Krapf war sichtlich begeistert von meinem 2-schiebrigen Instrument und so tauschten wir: ich erhielt eine 3-oktavige chromatische Mundharmonika mit nur einem Schieber. Wir waren beide hocherfreut über unseren Handel – ich weil ich diese komplizierte Mundharmonika endlich los war und Isabella, weil so eine in ihrer Sammlung noch fehlte. Isabella hat sie dann auseinander genommen, gereinigt und spielt nun auf ihr. Etwas Besseres hätte ich meiner Mundharmonika nicht wünschen können, als jemanden zu finden, der sie spielen kann. Nun zurück zu meiner Unterrichtsstunde. Ich hatte ja das Problem, dass ich die tiefen und die hohen Töne nicht erzeugen konnte. Und es gab tatsächlich einen Trick. Es fühlte sich fast ein wenig wie eine Art „Einweihung" an, als Isabella mir zeigte, wie ich die Töne zusätzlich mit der Nasenatmung spielen sollte. Und tatsächlich, plötzlich war einer der tiefen Töne da! Ein wenig zu tief, aber er war geboren! Woher wusste sie das eigentlich? Nach und nach erfuhr ich, dass sie schon sehr lange Mundharmonika spielte, davon lebte und das meiste selbst herausgefunden hatte. Und wieder staunte ich. Da gab es Menschen, die spielten dieses Instrument – ernsthaft und sogar beruflich! So lernte ich also ein halbes Jahr chromatische Mundharmonika, zum Amüsement aller meiner Freunde und Bekannten.

Schließlich bat ich einen Freund, mich am Klavier zu begleiten und wir versuchten uns in langsamen Schumann- und Brahms-Liedern. Ich habe diesen Nachmittag als einen unglaublich fröhlichen in Erinnerung. Die beiden Komponisten hätten sich wahrscheinlich im Grab umgedreht, wenn sie uns gehört hätten. Wir diskutierten – beide absolute Laien für Mundharmonikas – Möglichkeiten der Tongestaltung, Vibrato, etc. und er hatte die Idee, mit der Zunge den Luftstrom so zu verändern, dass es zu minimalen Intonationsschwankungen kommen würde. Damals wusste ich noch gar nichts von Bending und Bending-Vibrato. Außerdem war uns der Ton neben dem Klavier absolut zu leise, was uns beiden zu schaffen machte, weil Hans sich grundsätzlich weigert, leise zu spielen und ich nicht das nötige Luftvolumen aufbringen konnte, um lauter zu spielen.

Da ich nun inzwischen technisch imstande war, alle Töne zu erzeugen, auch die tiefen kamen nun nach und nach, merkte ich, wie ich zunehmend das Interesse verlor. Mein Ziel war es nicht, dieses kleine Instrument so virtuos zu spielen, wie ich es auf der Querflöte imstande war. Ich hatte mein persönliches Ziel erreicht, nämlich zu wissen, was ich zu tun hatte, um einfache Melodien spielen zu können und alle Töne zur Verfügung zu haben, die ich dazu brauchte. Wenn es da nicht die Blues Harp gegeben hätte...

5. Erste Versuche mit der Blues Harp

Inzwischen hatte ich mir immer wieder CDs ausgeborgt, einige gekauft, und merkte, dass der Sound einer Blues Harp komplett anders war als der einer chromatischen Mundharmonika. Ich hörte Sonny Terry, Little Walter, Sonny Boy Williamson... und dann stolperte ich über die Musik von Igor Flach und Marc Breitfelder. Ich wollte das auch spielen können! Isabella borgte mir eine Blues Harp und gab mir eine Telefonnummer von einem Spieler in Wien, der hier eventuell unterrichten würde. Ich staunte nicht schlecht, als ich merkte, dass auf dieser Harp unglaublich viele Töne fehlten. Alles war um so vieles schwieriger. Eine chromatische Mundharmonika konnte ich relativ einfach spielen, aber hier fehlte ja fast mehr als die Hälfte der Töne. Ich erfuhr nun, dass es so genannte „Positionen" gab, fand es erst einmal lustig, dass das Verhältnis der Tonart der Mundharmonika zur klingenden Tonart des Liedes mit „Position" bezeichnet wurde und überlegte, ob es vielleicht auch andere Blasinstrumente gab, deren Spieler in solchen „Positionen" dachten. Meines Wissens gibt es die aber nicht. Zum Blues hatte ich so gut wie keinen Bezug, da ich von der reinen Klassik herkomme, was die Sache nicht unbedingt vereinfachte. Mir schien es vorrangig, zuerst zu lernen, die fehlenden Töne zu ergänzen. Was für eine Katastrophe!

Ich habe diese erste Zeit als die anstrengendste im Gedächtnis - vielleicht, weil ich mich so darin verbissen habe. Es kostete mich unglaublich viel Mühe und Luft, die Töne der untersten Oktave zu ziehen, und mittels veränderter Mund- und Zungenstellung bzw. Ansaugkraft versuchte ich, die fehlenden Töne zu erzeugen, zu „benden" und dann schaffte ich nicht einmal einen Viertelton herunter zu biegen. Dann sagte mir damals sogar jemand, das sei überhaupt kein Bending, was bedeutete, dass ich noch nicht mal herausgefunden hatte, wie diese Technik funktionierte.

Leider vermisste ich bei all den noch so guten Spielern hier in Wien das pädagogische Geschick von Isabella. Schade, dass sie nicht Blues Harp unterrichtete. Ich brauchte einfache Spiele und Übungen. All die Anregungen, wie mir Harp-Sequenzen von den CDs herunter zuhören und Dinge nachzuspielen, waren absolut überfordernd für mich. Außerdem hing ich an der Idee fest, die gleichen Stücke spielen zu wollen wie auf der chromatischen Mundharmonika. Ich übte also Bendings und dann hatte ich aufgeschnappt, dass es Overblows und Overdraws gab, um die restlichen Töne zu ergänzen, die auch durch Bendings nicht erzeugbar waren. Also übte ich Overblows. Ich wollte maximale Freiheit auf dem Instrument, das mir so unglaublich beschränkend vorkam mit den wenigen durch Blasen und Ziehen erzeugbaren Tönen. Doch in Wien spielt kaum jemand Overblows, und erklären konnte mir auch kaum ein Spieler, was ich machen musste, dass diese herauskamen. Vermutlich bin ich den Leuten auch auf die Nerven gegangen, da ich mich mit dem Schwierigsten zuerst befasste, anstatt überhaupt einmal Spielen und Improvisieren zu lernen. Ich sah das völlig anders. Wie sollte ich denn je ein klassisches Ave Maria spielen können, wenn mir die Töne dazu fehlten!

6. Overblows – neue Energieräume

Overblows erzeugt man – wie Bendings – durch veränderte Zungenstellungen bzw. Veränderung in der Spannung der Muskeln in und um den Mundraum. Ich habe sehr rasch herausgefunden, dass ich von ziemlich starker Energie durchflutet werde, wenn es mir gelang, einen Overblow zu erzeugen. Es fühlte sich an, als ob eine irre Energie durch einen Energiekanal im Kopf gezogen werden würde, die Energie knallte richtig durch mich hindurch. Weitere Resonanzräume schienen im Kopf geöffnet zu werden und mitzuschwingen – alles vibrierte sehr stark. Ich fühlte mich manchmal leicht „high" danach. Vielleicht ist das der Grund, warum ich die Overblows so mag und so gern spiele - abgesehen natürlich von ihrem interessanten Klang. Da ich diese intensiven Körpergefühle liebte, befasste ich mich lieber mit den viel schwierigeren Overblows als mit den Bendings.

7. Keine Noten

Inzwischen war ich auf einem großen Harp Festival und hatte Igor Flach spielen gesehen. Er spielte auf einem Instrument mit kleinen Löchern an der Oberseite, mit welchem sich die Overblows viel einfacher erzeugen ließen. Wunderbar, dachte ich mir, und

15

besorgte mir auch so ein Instrument. Damit ist es tatsächlich wesentlich einfacher Overblows zu spielen. Außerdem staunte ich über die spielerische Freiheit von Marc Breitfelder und wurde darin nur bestätigt, dass es ohne die Overblows eben nur eine halbe Sache war. Ich empfand die Vorstellung, auf Töne verzichten zu müssen, als unglaublich einengend. Zurück in Wien habe ich dann erkannt, dass man auf der Blues Harp nicht vorrangig klassische Musik spielt und für einen Blues die Overblows erst einmal gar nicht notwendig sind. Mir wurde auch klar, dass ich das Spielen überhaupt erst einmal zu lernen hatte und wollte Noten suchen für Blues. Nun war das extrem ärgerlich für mich, als sich herausstellte, dass viele Spieler mit Noten gar nicht vertraut waren und lachten, da man doch Blues nicht nach Noten spiele. Irgendwie war ich in eine Sackgasse geraten.

In dieser Zeit hörte ich, dass auch Roland van Straaten Overblows spielen kann. Da ich beruflich plante, für ein paar Tage nach Zürich zu fliegen, kontaktierte ich ihn und bat um Hilfe.

Ich merkte, nachdem ich mich ein gutes halbes Jahr mit der Blues Harp befasst hatte (das ist in etwa die gleiche Zeitspanne, mit der ich vorher chromatische Mundharmonika spielte), dass es um ein Vielfaches schwieriger für mich war, Blues Harp zu spielen als eine chromatische Mundharmonika. Es braucht offenbar ganz viel Zeit, um die körperlichen Vorraussetzungen erst einmal auszubilden und zu lernen, die fehlenden Töne zu erzeugen, die bei einer chromatischen Mundharmonika ja bereits alle vorhanden sind.

8. Bendings – den Körper vorbereiten

Offenbar ist es beim Mundharmonika-Spiel ähnlich wie beim Ballett-Tanz: in unzähligen Stretching-Sequenzen wird der Körper vorbereitet, zum Tanz „bereit" gemacht: gedehnt, gestretcht, gebogen, gedreht... um überhaupt erst gewisse Sprünge, Drehungen,... die ja an sich dann nicht so schwer sind, ausführen zu können.

Voraussetzungen dafür sind aber das Auffinden, dann das Isolieren-Können und schließlich das Kontrollieren-Können dieser neu gefundenen, oft ganz kleinen Muskelpartien. Unglaublich, an welchen Stellen des Körpers man Muskeln hat!

Ähnlich scheint mir das beim Mundharmonika-Spielen: fehlende Töne, die auf der Blues Harp durch Bendings erzeugt werden müssen, setzen Mundstellungen voraus, die wiederum mit dem Einsatz ganz bestimmter Muskeln zu tun haben. Ich dachte immer,

Bending hat mit Kraft zu tun – was ich an Kraft und Energie verschwendet habe! Ich glaube aber, dass es um ein diffiziles Muskelspiel im Körper, im Gesicht, in den Wangen, in Mundraum, Zunge, Kehle, Brustraum, etc. geht, das es auszubilden gilt, eben wie Tänzer ihren Körper präparieren und trainieren. So ist es also unmöglich, eine Harp zu nehmen und darauf los zu spielen – ohne den Körper vorbereitet, respektive trainiert zu haben. Bendingübungen sind Teil der Vorbereitung, sind Übungen zum Präparieren des Körpers für das Spiel auf der Harp. Eigentlich bin ich als Spieler Teil des Instruments – denn ohne mein Vermögen, die Muskeln für die Bendings richtig einsetzen zu können, geht gar nichts. Das bedeutet dann eigentlich, dass das Instrument erst durch mich als Spielerin vollständig wird, „ganz" wird. Ich bin quasi Teil des Instruments – und indem ich an mir arbeite, verbessere ich das „Instrument". Wir beide gehören zusammen. Beide sind für sich genommen nicht komplett – erst in der Verschmelzung entsteht ein Ganzes daraus.

9. Töne manipulieren

Diese speziell manipulierten Blas- und Ziehtöne, allen voran die Bendings der ersten Oktave, sind die expressivsten Töne der Blues Harp. Sie werden im

Blues-Spiel mit Vorliebe derart gesetzt, dass sie an der Stelle der „Blue Notes" erklingen. „Blue Notes" verleihen dem Blues seinen melancholischen Charakter, da sie flexibel intoniert werden und je nach Gefühl undefinierbar zwischen Moll- und Dur-Charakter schwanken können.

Es setzt schon einen enormen Aufwand an technischem Üben voraus, um Töne derart kontrolliert manipulieren zu können. Ich begann aber trotz aller Anstrengungen die ausdrucksstarken Klänge sehr zu lieben und merkte, dass diese intensive Körpergefüh le und Stimmungen in mir hervorriefen.

Overblows beispielsweise öffnen – wie bereits erwähnt - ganz bestimmte Resonanzräume in meinem Kopf, was eine sehr belebende Wirkung hinterlässt.

Das Bending auf dem Kanal 1, also auf dem ersten Loch der Blues Harp, versetzt regelmäßig den gesamten Bereich meiner Lunge in eine angenehme, zarte Schwingung. Auch dieses Gefühl suchte ich immer wieder, da es mich angenehm lockerte.

So konnte ich bestimmte Tonmanipulationen ganz direkten Körpererfahrungen zuordnen.

Auch rhythmische Übungen, wie ein einfacher Shuffle (abwechselnd zweimal ein- und zweimal ausgeatmet durch die Blues Harp), veränderte meine

19

Befindlichkeit. Er trug mich nämlich in einen anderen Bewusstseinszustand. Ich fühlte mich wie in Trance, dem Alltagsbewusstsein enthoben und genoss jedes Mal, wie Hektik und Stress, sogar das normale Zeitempfinden, in den Hintergrund gerieten und es nichts anderes mehr gab als diesen Rhythmus und mich. Der Shuffle erwies sich als angenehmentspannendes Mittel, um mich geistig frei zu machen und mich emotional zu entspannen.

Diese geistige Leere, diese Weite und Freiheit, die sich innerhalb der leichten Trance eines Shuffle einstellte, erwies sich als großes Tor zu meinen eigenen schöpferischen Kräften. Nur aus der Stille und Weite in mir kann ich Kontakt zu meiner Kreativität finden, mir meine Intuition nutzbar machen, um Ideen und Impulse aus mir heraus zu schöpfen und in meine Improvisationen einfließen zu lassen.

10. Die Lust zu improvisieren

Roland van Straaten hatte mir bei meinem kurzen Aufenthalt in der Schweiz einige Übungen gezeigt, die meinen dürftigen Spielkenntnissen entsprachen und meine Lust weckten. Außerordentlich schade, dass er in Zürich lebt – an regelmäßigen Unterricht war gar nicht zu denken. Auch die Idee, in größeren

Abständen in die Schweiz zu fliegen, verwarf ich wieder. Was aber wäre mit Unterricht per Telefon?

Als ich die Idee mit Freunden diskutierte, lachten sie und meinten, wie denn das gehen solle, er könne mich ja gar nicht sehen, um Korrekturen vorzunehmen. Da hatten sie natürlich Recht. Roland sagte dazu dann nur ziemlich trocken: „Ja, aber es gibt auch blinde Lehrer und die sehen ihre Schüler dann ja auch nicht." Und da hatte er auch Recht. So wollten wir das versuchen. Ich telefonierte also wöchentlich in die Schweiz. Das Fehlen von nonverbaler Abstimmung und Verständigung erschwerte die Situation sehr – so rief ich mir immer wieder in Erinnerung, dass es ja auch blinde Lehrer bzw. blinde Schüler gab und ich vielleicht nicht die Einzige war, die sich damit plagte, ihr Gegenüber nicht visuell erfassen zu können. Mit diesen Gedanken war diese massive Einschränkung unserer Unterrichtssituation einigermaßen erträglich.

11. Reduktion der Töne

Da ich ja bereits ein wenig spielen konnte und durch das Spiel auf der chromatischen Mundharmonika imstande war, relativ saubere Einzeltöne zu erzeugen, regte Roland zunächst an, mit viel weniger Tönen zu spielen, was mir anfangs sehr zu schaffen machte, da mir dabei sehr schnell langweilig wurde. Nach und nach lernte ich, hinter der Langeweile meine Stille und den Ort der Kraft ausfindig zu machen, an welchem ich mich mit meiner schöpferischen Kraft verbinden konnte und kreative Impulse und Ideen direkt aus meinem eigenen tiefen Inneren fand. Ich improvisierte nur mit zwei Tönen, manchmal nur auf einem einzigen.

Als ich erkannte, dass der Spaß nicht nur in der Melodiebildung sondern auch im Rhythmus als eigenständigem motivierenden Prinzip lag, veränderte sich viel an meiner Herangehensweise zur Improvisation. Rhythmus kann etwas unglaublich Lustvolles sein!

Für mich war es lange Zeit tatsächlich das Schwierigste an der Improvisation, mich nicht selbst zu langweilen. Auch fand ich es noch relativ leicht, Töne in unterschiedlichen Kombinationen aneinander zu reihen, aber schwieriger empfand ich, die persönlich kreierten Tonfolgen wieder zu durchbrechen und immer neu zu beleben. Nichts ist auch für mich als Zuhörerin langweiliger als ein Musiker, der im Grunde immer dasselbe spielt, sich selbst immer wiederholt. Ich möchte lernen, meinem eigenen Spiel immer wieder neue Inputs zu setzen.

Inzwischen weiß ich auch, wie das gelingen kann: entweder ich stelle mir mitten im Spiel Aufgaben, das sind Übungen, die sich auf Rhythmik oder Melodik beziehen oder ich unterlege meine Musik mit Emotionen, so dass sich der Charakter der Musik, sowie meine Gedanken, meine Empfindungen verändern und somit neue Töne hervorbringen; oder ich denke mich in kleine Szenen hinein, in welchen ich, anstatt zu sprechen, eben das, was ich innerhalb der Szene fühlen oder sagen würde, in der Musik auszudrücken versuche. Roland meint, dass Spielideen über die Bewegungen im Körper kommen; es ist eine gute Anregung, immer in Bewegung zu sein und die eigene Musik mehr oder weniger auch zu „tanzen". Viel ist schon gewonnen, finde ich, wenn mir jedes Mal beim Improvisieren eine einzige, neue Idee einfällt, die ich in mein weiteres Spiel integriere. So kann ich nach und nach eine eigene „Spiele-Sammlung", meine ganz persönlichen Vorlieben entwickeln, Neuerungen laufend einbauen und die Gefahr, in ein starres, monotones Spiel zu fallen, wird geringer. Ich finde, man spürt bei Musikern, ob sie mit ihren Tönen „Floskeln dreschen" oder ob sie in größtmöglicher Bewusstheit und Wachheit wesentliche Dinge mitten aus ihrer Seele freigeben. Ich denke, jeder, der imstande ist, den winzig kleinen Schritt zu wagen, nämlich seinen eigenen Vorlieben für Klänge, Tonfolgen, Rhythmen, Tempi, Lieder, etc. nachzugehen, wird seinen höchst persönlichen Stil kreieren.

12. Die Kräfte der Inspiration nutzen

Es ist unglaublich schwer, absichtlich einen Zustand herbeizuführen, in welchem Inspiration geschehen kann. Schöpferische Prozesse geschehen aus einer gelösten, empfangenden Haltung heraus, sie können niemals eingefordert, geschweige denn erzwungen werden. Am ehesten klappt es, wenn ich mich neugierig dem, was in der Improvisation entstehen möchte, öffne. Solange ich Übungen, Techniken und Vorstellungen von dem, was ich nachspielen will, verhaftet bin, bin ich unfrei und damit nicht in einer unbefangen-empfangenden Haltung. Erst wenn ich selbst nicht vorwegnehmen kann, was ich gleich spielen werde oder vielmehr was die Mundharmonika durch mich erzählen möchte, erst dann ermögliche ich Momente der Inspiration. Ich bin dann selbst wie ein Zuhörer – wartend, erwartend und mir selbst zuhörend, was gleich geschehen wird.

Für mich ist das Schaffen einer bedingungslosen inneren Leere eine wesentliche Voraussetzung. Erst wenn ich leer von Konzepten, Klangvorstellungen, Techniken, etc. bin, finde ich die richtige Haltung für inspiriertes Spiel. Aus der Leere heraus entsteht dann in einem weiteren Schritt ein Gefühl von Vorfreude, Lust, von Neugier und Liebe zu dem Instrument. Ein ganz eigenes Kraftfeld baut sich um uns herum auf.

Wenn es gelingt, so weit loszulassen, dass ich plötzlich scheinbar „falsche" Töne erwische, Töne, die nicht von mir geplant waren – dann ist das ein gutes Zeichen und die wunderbarste Musik erklingt. Ich bin dann immer überrascht von den Klängen und Tonfolgen, die ich höre und wundere mich, dass der „falsche" Ton oft viel besser passt als der, den ich ursprünglich angesteuert hatte. Manchmal ist es so, als spiele die Mundharmonika auf mir, nicht ich auf ihr. Wenn ich diesen Zustand erreiche, weiß ich, dass andere Kräfte mein Spiel mit gestalten – genau das ist ja dann Eingebung - von wem oder welcher Kraft auch immer. Ziemlich unheimlich, aber auch unheimlich schön!

Diesen wunderbaren Zustand kann ich nicht festhalten, schon gar nicht wiederholen. Ich kann einzig versuchen, immer leichter das Tor öffnen zu lernen, um in diesen Zustand eintauchen zu können und immer wieder zuzulassen, was durch mich hindurch fließen möchte und sich durch mich ausdrücken mag. Sich mit den höheren Kräften der Inspiration zu verbünden, scheint mir etwas ganz Wesentliches für das freie Improvisieren zu sein!

13. Der verdammte Gegenschlag

Ich wurde von Roland aufgefordert, den Gegenschlag, also die 2 und 4 eines 4/4-Taktes mit dem Fuß
oder mit der Hand mit zu schlagen, was meine
Spiellust empfindlich störte. Innerhalb kürzester Zeit
verlor ich mich im Takt und fand mich im 1- und 3-
betonten Schlagrhythmus wieder. Ich übte das auch
nur ungern – bis ich erkannte, dass sich der Groove
dadurch tatsächlich verbesserte! Erstaunlich. Als ich
mir dieser Erkenntnis sicher war, wurde mir die
Übung sehr hilfreich, vor allem immer dann, wenn
ich nicht locker genug war, um meine Musik in ein
fließendes Schwingen zu bringen. Körperblockaden
lösten sich mit dem Gegenschlag und die Musik
wurde entkrampfter, lebendiger, gelöster, grooviger.
Inzwischen versuche ich mich manchmal in kleinen
rhythmischen Body-Percussion-Improvisa-tionen im
Wechsel zum Harp-Spiel. Das macht unglaublich viel
Spaß und schult das Rhythmusgefühl. Ich denke
immer wieder über den Effekt dieser so simplen
Übung nach, die so wirkungsvoll sein kann! Möglicherweise wird der freie Energiefluss im gesamten
Körper unterstützt, weil die Isolation des Energie-
kreislaufs Hände – Arme – Mund – Gesicht - Ober-
körper durch das Wegnehmen eines Armes bzw.
durch die energetische Beteiligung des stampfenden
Fußes durchbrochen wird.

14. Singen

Eigentlich hatte ich gar keine Lust zu singen. Ich wollte das Spielen auf der Harp lernen und nicht wieder irgendwelche Gesangsübungen machen, mit welchen ich mich früher jahrelang – oft durchaus sehr lustvoll - abgemüht hatte. Ich ärgerte mich furchtbar über die Beharrlichkeit meines Lehrers, der umso beharrlicher zu werden schien, je weniger ich singen wollte. Schließlich bekam ich eine dicke Halsentzündung, und fühlte mich zumindest von meinem eigenen Körper in meinem Widerstand bestätigt.

Irgendwann hatte ich Rolands Vorliebe zum Singen schließlich akzeptiert, aber nicht aus meiner Überzeugung heraus, sondern weil sich herausstellte, dass sich damit ein neu aufgetretenes Problem ganz gut handhaben ließ.

Von Anfang an hatte ich große Schwierigkeiten mit der Atmung. Das Instrument fordert ja hauptsächlich gezogene Töne, was bei mir jedoch regelmäßig zu einer Art „Luftstau" in der Lunge führte. Mein Verhältnis der Einatmung zur Ausatmung war ein sehr ungünstiges – ich atmete permanent zu viel ein. Die gebendeten Töne, die ja auch eingeatmet werden, benötigten extrem viel Luft und Kraft. Vollkommen unverständlich war mir zu diesem Zeitpunkt, dass die Mundharmonika angeblich auch als Therapieinstrument bei Asthmatikern eingesetzt wird. Ich konnte mir das beim besten Willen nicht vorstellen, fühlte ich mich beim Spielen doch selbst leicht asthmatisch beeinträchtigt! Nun entdeckte ich, dass das Singen eigentlich eine ganz gute Entspannung bot, weil es den Fokus zwischenzeitlich vom anstrengenden Harp-Spiel wegbrachte und sich meine Atmung dadurch erholen konnte. Ich spielte also Harp, sang, dann spielte ich wieder, sang weiter – das eine immer im Wechsel mit dem anderen und beobachtete zufrieden, wie sich meine Atmung regulierte.

Und erst viel später machte ich die große Entdeckung, wie viele neue Ideen und Impulse in mir durch das Singen auftauchten, die sich sofort auf das Spiel mit der Harp übertrugen. Ich sang - und spielte im Anschluss daran plötzlich neue Tonfolgen, neue Rhythmen und freute mich über die Inspiration, die aus dem Singen zu mir kam.

15. Tanzen

Das Problem der Atmung – Blues Harp spielen braucht einfach ein Vielfaches an Luft im Vergleich zu einer Querflöte – war ein hartnäckiges. Somit wurde die Anregung von Roland, während meines Spielens zu tanzen, eine ganz wichtige. Ich erlebte, dass mein

Körper in Bewegung gar nicht falsch atmen konnte, im Gegenteil – er erschloss sich in der Bewegung zusätzliche Resonanz- und Atemräume, von denen ich bis dahin gar nicht gewusst hatte, dass es sie gab. Außerdem vollführte er wie von selbst ausgleichende Bewegungen, die ihn immer in einem relativ unverkrampften, freien Zustand hielten. Im Tanzen lernte ich das Zwerchfell während des Spielens zu entspannen bzw. gar nicht mehr so extrem anzuspannen.

Ich tanzte also während des Spielens, ich tanzte abwechselnd zu meinem Spiel und ich erprobte das „innere" Tanzen, versuchte also die großen ausladenden Bewegungen meines Körpers zu reduzieren auf minimale, aber doch genauso wirkungsvolle kleine Bewegungen. Immerhin plante ich, bald mit anderen Musikern zusammen zu spielen und stellte mir schwierig vor, mit der Harp dabei durch den ganzen Raum zu tanzen.

Ähnlich der Übung mit dem Gegenschlag lockert das Tanzen ungemein, der Groove wird besser und lebendiger und inspirierende neue Ideen fallen wie von selbst in die Musik.

In Bewegung zu sein, scheint ein sehr gutes Mittel zu sein, um Energieflüsse nicht festhalten, nicht blockieren zu können. Darin liegt meiner Meinung nach ein großes Geheimnis: viele Spieler, deren Musik einfach nicht groovt, wirken auch sehr starr in ihrer Körperhaltung. Kommt der Körper in Bewegung, hat das sofort unmittelbare Auswirkungen auf den Geist, auf die Emotionen, auf die Motorik des Körpers und somit auf die Musik! Rolands Empfehlung, beim Spielen so weit wie möglich in permanenter Bewegung zu bleiben, erschien mir sinnvoll. Starres Stehen fixiert bei mir sofort wieder die eben gelösten Körperblockaden und das Spiel wird hörbar steifer und unfreier.

Ich beobachtete zu dieser Zeit viele Musiker und ihre oftmals sehr ausufernden Körperbewegungen. Allerdings gab es auch Ausnahmen: manche spielten mit stoischer Regungslosigkeit hervorragende Rhythmen. Vielleicht haben sie andere Wege gefunden, sich innerlich in ein freies Schwingen zu bringen und kommen tatsächlich ohne äußere Bewegung des Körpers aus.

16. Die Harps scheinen beseelt zu sein

Immer wieder legte ich entnervt meine Harps wochenlang weg und sperrte sie weit in den hintersten Winkel meines Kastens, um bloß nicht mehr in Versuchung zu kommen. Regelmäßig wurde mir das Ganze zu anstrengend. Ich konnte das nötige Luftvolumen für dieses Instrument nicht aufbringen und verlor die Lust.

Da lagen meine Harps dann also immer eine Zeit lang im Kasten - absolut ausgegrenzt aus meinem Leben.

Jedes Mal geschah dann etwas höchst Seltsames. Es war, als würde ich mit meinem inneren Auge ein Blitzen aus dem Kasten sehen, als ob sich eine der Harps bemerkbar machen wollte. Erstaunlicherweise wusste ich immer genau, welche der vielen Harps es war, die mit mir zu „flirten" begonnen hatte. (Arnold Mindell hat in seinem Buch „24 Stunden luzid träumen" den Begriff des „Flirtens" eingeführt, als die Idee des absichtsvollen Kontaktaufnehmens eines Gegenstands mit dem Menschen.)

Mal war es eine hohe Mundharmonika, mal eine tiefe, die gespielt werden wollte. Der Sog wurde dann oft so stark, dass ich sie aus dem Kasten zog und mich ihr überließ. In diesen Momenten gab es kein gerichtetes Wollen von mir. So überließ ich mich also dem Willen meiner Harp. Oft lag ich dabei einfach auf dem Teppich und ertappte mich manchmal dabei, wie ich innerlich mit ihr sprach: „Und? Was jetzt? Was willst du denn von mir?" Einmal während ich mit ihr redete, blies ich beiläufig meinen Atem durch sie und sog beim Einatmen die Luft durch sie wieder ein. Das ging eine ganze Weile dahin, bis mir plötzlich bewusst wurde, was hier eigentlich geschah. Ich atmete durch das Instrument und konnte auf diese Weise meinem Atem und meinem eigenen Atemrhythmus nachlauschen. Es berührte mich sehr, meine eigene Lebendigkeit zu hören, meinen Atem klingen hören zu können! Es waren zarte, ruhige Akkorde, Klänge von unglaublicher Weite und Gelöstheit, die eine sehr beruhigende und nährende Wirkung auf mich hatten. Diese ganze Erfahrung war sehr entspannend und wohltuend – sodass ich dabei eingeschlafen bin.

Ein anderes Mal zog es mich zu einer anderen Harp. Ohne eigenen Willen, ohne ihr etwas Bestimmtes entlocken zu wollen, überließ ich mich offenbar wieder ihrer Führung. Ich blies hinein und zog daran, bis ich mich in einem einfachen Shuffle-Rhythmus wieder fand. Im selben Moment dachte ich mir noch, dass ich gleich auf Grund der vielen eingeatmeten Luft Probleme bekommen werde – da merkte ich plötzlich, wie mein Kiefer kleine Ausweichbewegungen in einem ganz eigenen Rhythmus nach unten vollführte. Dieser Rhythmus stand in Zusammenhang mit den eingeatmeten Tönen. Dadurch schien sich der Mundraum Platz für die eingeatmete Luft zu schaffen, ähnlich einem Abstellraum als Stauraum in einer Wohnung. Der Luftaustausch schien sich also mehr im Mund und weniger in der Lunge regulieren zu lassen. Inzwischen hatte ich eine gehörige Zeit den Shuffle gespielt, beeindruckt von der Leichtigkeit meiner Atmung und erfreut über meine neu sich entwickelnde Technik der Luftregulation.

Könnte es sein, dass das Instrument selbst als Lehrer auftritt und mich hilfreiche Techniken lehrt? Könnte es sein, dass das Instrument selbst Interesse daran hat, gespielt zu werden?

Inzwischen habe ich viele solche Erlebnisse gehabt und gelernt, dass es oft hilfreicher ist, die Kontrolle abzugeben um dem Instrument die Funktion des Lehrers zu überlassen. Der Schlüssel dazu scheint mir in meiner Fähigkeit der Hingabe zu liegen, mich komplett frei machen und öffnen zu können für eine höhere Quelle, aus welcher neues Wissen in mich einströmen kann. Genau dann, wenn ich nichts bezwecken, erreichen, üben, aktiv tun will – also aus einer gänzlich passiven, erwartenden Haltung heraus - ermögliche ich den feinen Kontakt mit dem Wesen meiner Harp.

Als sehr schwierig habe ich empfunden, wenn ich - gerade in einer sehr konfluenten Beziehung zu einer der Harps stehend - mich der eigenen inneren Führung und der des Instruments stärker verpflichtet fühlte als den Anregungen meines Lehrers. Ich hatte einfach Sorge, diese leisen inneren Stimmen zu verlieren und wollte sie nicht von anderen „äußeren" Stimmen übertönen lassen.

Wenn ich heute zurück denke an die Momente, wo Roland und ich in einen Konflikt gerieten, so denke ich, waren es genau diese Augenblicke, in denen ich mich im Spannungsfeld zwischen meinem äußeren Lehrer und meiner eigenen inneren Führung bzw. der meines Instruments befand. Dieses Dilemma habe ich oft nicht sehr glücklich gelöst.

Ich habe nun daraus gelernt, dass es wichtig ist, dem Austausch mit dem eigenen Instrument einen eigenen Raum und viel Zeit einzuräumen. Während dieser Zeit versuche ich mich ganz der inneren Führung und der Führung meines Instruments anzuvertrauen, um mir die Erfahrungen, die zu mir kommen wollen, auch wirklich nutzbar zu machen. So bin ich dabei zu lernen, meine unterschiedlichen „Lehrer" besser zu koordinieren und versuche, während der Arbeit mit einem von ihnen, den Kontakt zum anderen etwas zu reduzieren. So steht jeweils einer von ihnen im Vordergrund meiner Aufmerksamkeit.

17. Die Kunst der 3-Ball-Jonglage

Ich denke, dass sich ein Lernender, ein Schüler permanent in einem Spannungsfeld von mehreren „Lehrern" befindet.

Auch wenn ein Schüler sich auf einen einzigen „äußeren" Lehrer beschränkt, behaupte ich, dass es eine unmögliche Sache ist, weniger als 3 Lehrerinstanzen gleichzeitig zu haben. Mit 3 Instanzen meine ich den „äußeren" Lehrer, den „inneren" eigenen Führer, also die innere Stimme und als dritten „das Instrument als Lehrer".

17.1. Der „äußere" Lehrer

Einer meiner besten Lehrer war eine Person, die sich weniger durch Fachkompetenz auszeichnete, als vielmehr durch die Fähigkeit, sehr einfühlsam und intuitiv meinen individuellen Prozess zu begleiten. Er war weitgehend frei von eigenen narzisstischen Bestrebungen, verfolgte keine persönlichen Ziele und Interessen, noch nicht einmal war er auf das Honorar von mir angewiesen.

Umgekehrt, ich als Unterrichtende erlebe selbst auch immer wieder, dass die Motivation meiner Schüler um so mehr steigt, je mehr ich selbst bereit bin, in ihren Prozess einzusteigen, sie zunächst einmal dort abhole, wo sie stehen und mich frei mache von eigenen Zielen und Wünschen.

Das bedeutet immer wieder Abstimmungsprozesse zwischen mir und meinen Schülern. Es erfordert, mich selbst immer wieder in die Position der „Nicht-Wissenden" zu begeben um zu erspüren, wo sich der andere gerade befindet. Es bedeutet auch, Stärken und Schwächen anzunehmen und darauf zu vertrauen, dass sie sich zur rechten Zeit lösen werden.

Von einem guten Lehrer erwartet man sich Fachkompetenz, darüber hinaus die Sicherheit in seinem Gebiet (um Fragen und Infragestellen des Stoffes nicht als Provokation bzw. Angriff auf seine Person zu missinterpretieren), es erfordert pädagogische Fähigkeiten und Fertigkeiten, den Stoff dermaßen zu vermitteln, dass er dem Entwicklungsstand des jeweiligen Schülers angepasst ist, so dass er vom Lernenden integriert werden kann.

Es erfordert dauerhafte Selbstreflexion und die Bereitschaft, Infragestellungen von Seiten des Schülers als Herausforderung für das eigene Wachstum zu betrachten. Für mich bedeutet eine Lehrer-Schüler-Beziehung gegenseitiges Wachsen. Roland spricht in diesem Zusammenhang von einer "kreativen Wechselwirkung".

Das vermutlich Schwierigste ist es wohl, als Lehrer einen fremden Weg zu begleiten, einen Weg, den man selbst nie gegangen ist oder gehen wird, noch dazu mit einem Lehrziel vor Augen, das erreicht werden soll. Hürden, Probleme, etc. müssen oft anders angegangen werden, als man es selbst an sich erlebt hat – das erfordert viel Einfühlungsvermögen und Reife. Es erfordert, das eigene Ego zurücknehmen zu können und seine bisherigen Erfahrungen zur Verfügung zu stellen für eventuell komplett neue Erkenntnisse. Ein guter Lehrer zu sein bedeutet aber auch, die blinden Flecken des Schülers zu sehen, ihn damit zu konfrontieren und mit ihm auch daran zu arbeiten. Das erfordert Beharrlichkeit, Geduld und Ehrlichkeit. Er sollte dabei in die Wachstumsfähigkeit des Schülers vertrauen können.

Ein guter Lehrer sollte wissen, wann es nicht mehr angebracht ist, Urteile abzugeben oder persönlichen Geschmack für die Kunst des Schülers zu bekunden („Das gefällt mir!" oder „Das gefällt mir nicht."), da Kunst jenseits von Wertungen, Vorlieben und persönlichem Geschmack liegt und den Schüler auf seinem weiteren Weg beeinflussen und behindern würde. Letztendlich sollte der Lehrer seine eigenen Grenzen gut kennen und zur rechten Zeit klar und deutlich zu erkennen geben, wann es Zeit ist für den Schüler, sich auf die eigenen Beine zu stellen, was bedeutet, zurück in die eigene Kraft zu gehen und alle abgegebenen Instanzfunktionen wieder zurückzunehmen.

Ohne Sympathie und Achtung von beiden Seiten füreinander ist an sinnvollen Unterricht nicht zu denken. Nur wenn ich meinen Schüler mag, bin ich bereit, mich auf ihn einzulassen und mein Wissen mit ihm zu teilen. Und nur, wenn ich als Schüler meinen Lehrer mag, bin ich bereit, mich zu öffnen. So einfach ist das und doch basieren viele Lehrer-Schüler-Beziehungen nicht auf dieser Vorraussetzung. Dann wundert man sich auf beiden Seiten über mangelhafte Motivation und fehlende Erfolgserlebnisse.

Im Idealfall stimmen die Ziele des Lehrers mit denen des Schülers überein. Oft ist es jedoch so, dass Lehrer versuchen, sich in ihren Schülern zu verwirklichen, Schüler damit quälen, genau das besser zu machen, was ihnen selbst nicht in ausreichendem Maße gelungen ist. So kann ich als Schüler sicher sein, dass mein Lehrer intensivst das korrigieren wird, was seine eigene größte Schwäche ausmacht. Das ist das Gute daran. Leider sind die meisten Lehrer aber nicht bereit, den Schülern behilflich zu sein, ihre eigenen Ideen/Ziele zu verfolgen, noch nicht einmal anerkennen sie die eigenständige Persönlichkeit und den „selbständigen, nach eigener Verwirklichung strebenden Künstler" im Schüler. Eher projizieren sie sich selbst in den Schüler hinein und unterrichten sich dort quasi selbst.

Geglückte Lehrer-Schüler-Beziehungen sind für mich solche, wo Wachstum auf beiden Seiten stattfindet, wo Respekt und Achtung Platz findet und wo ein Lehrer dem Schüler quasi als „Geburtshelfer" dienen konnte, das individuelle, kreative, künstlerische Potenzial voll zur Entfaltung zu bringen und vielleicht sogar der Gesellschaft einen neuen heranreifenden Künstler übergibt.

17.2. Der „innere" Lehrer

Für mich gibt es einen eigenen „inneren" Lehrer. Damit meine ich meine innere Stimme, das innere Wollen, mein Streben, meine inneren Ansprüche, die eigene sich zur Entfaltung bringen wollende Kreativität. Der innere Lehrer bestimmt, was ich üben will, welche Art von Musik ich machen möchte, welche Techniken mir liegen, welche inneren Impulse ich mittels meiner Kreativität und Spiellust freilegen möchte und wie ich sie in die Form und den Ausdruck von Musik transferieren mag.

Bereits aus der Existenz dieser beiden Lehrerinstanzen, dem äußeren und dem inneren Lehrer, ergeben sich Spannungen. Im Extremfall bringen sich Menschen, unter unglaublichem Mehraufwand, ihr Instrument durch Abschauen und Herunterhören von CDs selbst bei. Sie verzichten dabei auf die Person des äußeren Lehrers. Die Blues- bzw. Jazz-Szene scheint ja von „Autodidakten" recht voll zu sein – oft scheinen ja gerade solche, die nie äußere Lehrer für sich engagiert haben, die Größten geworden zu sein - vielleicht weil sie die innere Führung nie verloren haben; vielleicht weil sich das Göttliche und zutiefst Authentische nie über den verlängerten Arm eines Lehrers auszudrücken vermag.

Möglich, dass Menschen ihre innere Stimme nie wahrzunehmen gelernt haben. Das wären dann wahrscheinlich, provokant formuliert, die besten Schüler und die schlechtesten Künstler.

17.3. Das Instrument als Lehrer

Würden doch viel mehr Lehrer ihre Schüler ermutigen, sich von ihrem Instrument führen zu lassen.

Das Instrument will sich im Musiker ausdrücken. Es scheint fast so, als hätte es einen eigenen Willen. Es bedarf des Mutes des Spielers, loslassen zu können und sich der Führung des Instrumentes anzuvertrauen.

Das Instrument möchte sich gern auf seinem Spieler verwirklichen und für diese Zwecke lehrt es ihn Methoden und Techniken, die es für seine Zwecke braucht. Möglicherweise quittiert der äußere Lehrer das mit einem Kopfschütteln, möglicherweise rät er davon ab, sich auf diese Weise mit dem Instrument zu befassen. Vielleicht hält er es sogar für schädlich, was den vermeintlichen Fortschritt auf dem Instrument betrifft. Fortschritt ist aber auch Wachstum in die Breite, hinein in die Vielfalt der Möglichkeiten des Ausdrucks, der Entwicklung von Kreativität und tiefster Authentizität. Vielleicht konkurriert der Lehrer mit der Weisheit und Führung des Instruments.

Ich behaupte, dass dem Instrument als Lehrer ebenso viel Raum gegeben werden sollte wie dem äußeren Lehrer und dem eigenen inneren Führer.

Somit besteht ein extremes Spannungsfeld, in welchem sich ein Schüler befindet.

Die Kunst scheint mir nun darin zu liegen, sich in diesem Spannungsfeld der 3 Lehrer bewegen zu lernen, die Balance zu halten – ähnlich einer 3-Ball-Jonglage, bei der es darauf ankommt, den einen Ball zur richtigen Zeit loszulassen, um den anderen fangen zu können. In ihrem Wechsel, in der Kunst des Loslassens und Wieder-Fangens entsteht ein wunderschönes Gebilde von künstlerischem Spiel.

18. Gedanken zur Atmung

Aufgrund meiner Schwierigkeit mit der Atmung auf der Blues Harp beschäftigte ich mich intensiv mit diesem Thema.

Jeder Mensch hat seinen eigenen Atemrhythmus und sein eigenes individuelles Tempo bezüglich des Verhältnisses von Ein- und Ausatmung, was Intensität und Tiefe der Atmung bzw. zeitliche Länge der Ein- und Ausatmungsphasen betrifft. Das Spiel von Melodien, Läufen, akkordisch gesetzten Rhythmen auf einer Mundharmonika kann tiefen Einfluss auf den natürlichen Atemrhythmus nehmen, ihn verändern, ihm Verschiebungen der Ein- und Ausatmungsphasen (Dehnungen, Verkürzungen) aufzwingen , kann manchmal das nötige Einatmen verhindern, weil z.B. die Melodie nur aus Blastönen besteht oder umgekehrt, was viel häufiger der Fall ist, kann den Körper zwingen, noch mehr Luft als möglich erscheint einzuatmen, weil die Melodie nur aus Ziehtönen besteht.

Vermutlich steigen viele Interessenten der Blues Harp an diesem Punkt aus, weil dieses Atmungsproblem zwar gespürt, nicht aber bewusst erkannt wird. Meines Wissens nach existiert zu diesem Problem auch kaum Literatur.

Der springende Punkt scheint mir nun zu sein, Kompensationsmöglichkeiten im Körper zu entwickeln, die so wenig wie möglich die normale tiefe Bauchatmung stören, zugleich aber größtmögliche Flexibilität und Freiheit in der Auswahl und Aneinanderreihung von Blas- und Ziehtönen erlaubt.

Offenbar setzen Harp-Spieler zusätzlich zur gestützten Atmung (Bauch-, Flanken-, Beckenatmung...) wie man sie von Sängern und Bläsern kennt, automatisch Ausgleichsbewegungen im Mundraum zur Entlastung der tiefen Bauchatmung ein. Ziel ist es dabei, den Luftaustausch auch im Mund anstatt ausschließlich in der Lunge zu regulieren.

Um einen (gebendeten) Ziehton mit möglichst wenig Kraftaufwand und Luftverbrauch zu spielen, wende ich einen Trick an. Um diesen näher zu erklären, beziehe ich mich zunächst auf eine Vorübung für die Zirkularatmung:

Eine Vorübung dazu wäre, einfach ganz normal zu atmen und gleichzeitig und unabhängig von der

Bauchatmung im Mund Blas- und Ziehtöne zu erzeugen, die nur im Mundraum selbst ein- und ausgeatmet werden. Dabei bringt man zuerst die Zunge ganz weit nach hinten, öffnet den Rachen und gewinnt Schubkraft für den Blaston, den man erzeugen möchte. Die Zunge kommt nach vorne und die Luft wird von der Zunge aus dem Mund gedrückt, der Ton erklingt. Ist die Luft draußen und die Zunge ganz vorne nutzt man das entstandene Vakuum um den nächsten Ton einzuziehen - Blasbalg-ähnlich. Das alles geschieht gänzlich unabhängig vom normalen Atmen.

Diese Töne werden also erzeugt, ohne auf den natürlichen Atemrhythmus Einfluss nehmen zu müssen. Diese Blasbalg-Technik entlastet also die tiefe Bauchatmung. Die Bildung der Ziehtöne könnte somit gänzlich nur im Mundraum erzeugt werden, doch die Konsistenz eines langen, vollen Tons verlangt etwas mehr als die reine Blasbalg-Technik. Sie verlangt nämlich eine Konstanz der schwingenden Luftsäule im Körper, welche mit Hilfe der Körperstütze erlangt wird. Die anstrengendste Phase der Bildung eines Ziehtons liegt für mich am Beginn. Ist der Ton dann einmal da, bedarf es weniger an Kraftanstrengung und Luft um den Ton konstant zu halten. Vielleicht weil ja die Stimmzungen und der Körper bereits in Schwingung gebracht worden sind. Der Aufwand an Kraft gerade am Beginn eines

Ziehtons scheint mir wesentlich größer zu sein. Später ist diese Kraft ja nicht mehr nötig, denn die erwünschte Schwingung bzw. der Ton an sich ist ja bereits hergestellt worden.

Es scheint mir die meiste Mühe (Luft und Kraft) zu kosten, die Stimmzungen und den Körper in Schwingung zu versetzen. Mittels der bereits aufgebauten Luftsäule (Stütze) ist es danach relativ einfach, den Ton konstant zu halten.

Der Einsatz der Blasbalg-Technik gerade AM BEGINN EINES ZIEHTONS trägt meiner Erfahrung nach wesentlich zur Entlastung des Atemapparats bei! Dabei sauge ich kurz in den Mundraum Luft ein bis der Ton anspringt. Schon während, vor und nach diesem kurzen Moment des Ansaugens erhalte ich natürlich die Körperstütze aufrecht, so dass der erzeugte Ton sofort von der gesamten Luftsäule im Körper getragen und gehalten werden kann. Es geht mir also nur um einen kurzen Moment der allerersten Phase des Tonbildungsprozesses, wo ich die "Blasbalgtechnik" dazu nehme.

Das Öffnen/Fallen-Lassen des Unterkiefers, nicht nur zur Gewinnung an Resonanzraum zur Tonbildung, sondern auch zur Vergrößerung des Raums im Mund, um überschüssige Luft unterbringen zu können, scheint mir ein weiterer wesentlicher Aspekt zur Entlastung der Lungenatmung zu sein. Ähnliches gilt für die Flexibilität der Wangen. Die Wangen sollten weich und flexibel bleiben um immer wieder Luft in die Backen hinein aufnehmen zu können. Man kann das an den lebhaften Wangenbewegungen der meisten Spieler beobachten (dicke Backen im Wechsel mit eingefallenen Backen).

Weiters hilft mir auch ein gehobenes Gaumensegel (Vorstellung: staunen auf dem Vokal "a") zur Vergrößerung des "Stauraums" für eingeatmete Luft. Das angehobene Gaumensegel hat noch einen weiteren Nutzen: Es trägt dazu bei, die schwingende Luftsäule nicht "abzuklemmen", wenn rasche Wechsel von Blas- und Ziehtönen erfolgen. Bei manchen Spielern meine ich das Wegbrechen der Körperstütze zu hören, sobald extrem rasche Läufe gespielt werden. Da nun ein "Abzwicken" der Luftsäule im hinteren Gaumenbereich geschehen kann, wirkt das Offen-Halten/Anheben des Gaumens diesem unerwünschten Effekt entgegen.

19. Mentales Üben

Da ich das Atmen durch die Mundharmonika ja als sehr anstrengend empfand, versuchte ich möglichst wenig zu üben, dafür aber effektiv. Stundenlang zu spielen, so wie das andere konnten, kam für mich nicht in Frage. Ich stellte mir also für die Zeit, in der ich üben wollte, jeweils einen kleinen Ablauf zusammen: zum Einspielen eine relativ freie Aufgabenstellung, um möglichst rasch mit meiner Intuition und der Kraft der Inspiration in guten Kontakt zu kommen, danach übte ich kleine Tonfolgen, die für mich eine Herausforderung bedeuteten. Damit das ganze Spaß machte, legte ich manchmal ein Tages-Lieblings-Riff über das Blues-Schema und entwickelte daraus dann ein Solo über mehrere Chorusse.

Ich merkte, dass ich immer noch wertvolle Zeit durch „Herumprobieren" vergeudete. Das Üben war noch nicht effektiv genug. In dieser Zeit stolperte ich über den Begriff „mentales Üben". Ich habe immer noch kein Buch darüber gelesen, aber allein schon die Idee, ohne Instrument üben zu können, gefiel mir außerordentlich und inspirierte mich zum Experimentieren. Ich begann zunächst mit Intonationsübungen. Das leidige Intonationsproblem auf Kanal 2 und 3, die vielfältigen Bendings eben dort, machte mich immer wieder sehr unzufrieden. Ich sang also zunächst innerlich kleine und große Terzen, Halb- und Ganztonschritte, Moll- und Dur-Dreiklänge, Septimen, etc. Manchmal sang ich anschließend laut meine Tonvorstellung und lernte, je exakter meine innere Vorstellung war, umso präziser fielen die gewünschten Töne dann aus. Danach stellte ich mir die Harp an meinen

Lippen vor und versuchte mental die Töne zu intonieren. Genau wie im realen Spiel macht der Körper beim mentalen Üben diese suchenden Korrekturbewegungen im Mundraum, um das Bending exakt zu intonieren. Nun versuchte ich, diese Korrekturbewegungen vorwegzunehmen, also mental geschehen zu lassen, bevor ich dann - ebenfalls mental - die Harp an den Mund setzte und siehe da, das Bending war exakt dort, wo ich es haben wollte. Zumindest mental! Für das reale Spielen und Improvisieren hatte dieses Üben immerhin den Effekt, dass die Intonation wesentlich besser wurde. Ähnlich übte ich auch technische Unsicherheiten, z.B. Tonsprünge. Ich stelle mir dabei auch die exakten Kanalabstände visuell vor, um sicherer zu werden, wie viele mm oder cm die Lippen rutschen sollten, um den Ton dann sauber zu treffen.

Die Präzision und Ausarbeitung dieser inneren Klangvorstellungen und visuellen Bilder, die Bewusstheit um genaue Kanal-Abstände, etc. machte sich schlussendlich mein sinnliches Körpergedächtnis zunutze. Als ich nämlich wieder mit anderen drauf los improvisierte, hatte ich das Gefühl, wesentlich sicherer zu spielen und besser zu intonieren. Ich übe inzwischen auch ein Vibrato mental – sogar das geht!

20. Zufallstöne

Gute Spieler sind – im Gegensatz zu mir und allen anderen Anfängern – imstande, exakt und auf Anhieb die gebendeten Töne zu treffen. Dabei springen sie oft in ihren Melodiebögen über zwei Oktaven hinauf und hinunter. Trotzdem kommen die Töne meist sauber und exakt gebendet.

Ich überlegte, ob und wie ich das üben könnte und erfand mir kurzerhand ein Spiel: Ich schrieb die Töne der ersten beiden Oktaven jeweils separat auf ein kleines quadratisches Stück Karton, schüttelte alle Kärtchen in meiner Hand und zog dann wahllos 3 oder 4 heraus. Aus diesen Tönen erstellte ich mir dann meine eigene Skala und tatsächlich konnte ich auf diese Weise ungewöhnliche Sprünge und die gebendeten Töne trainieren. Allerdings waren manche Tonkombinationen so scheußlich und schwierig zu spielen, dass ich bald wieder das Interesse an diesem Spiel verlor.

21. Licks sammeln

Stattdessen hatte ich eine neue Idee. Ich hatte herausgefunden, dass ich dazu neigte, immer wieder ähnliche Tonabfolgen zu spielen – mein Repertoire war überaus dürftig. Allerdings hörte ich inzwischen auch, dass selbst gute Spieler immer wieder auf ähnliche Tonfolgen in ihrem eigenen Spiel zurückgriffen bzw. sich in musikalischen Stereotypien verfingen. Vermutlich bezieht sich jeder Spieler immer wieder auf seine eigenen Lieblings-Tonkombinationen, nur: je mehr Repertoire ein Spieler bereits hat, desto weniger hörbar sind seine Repetitionen für den Zuhörer.

Um mein Repertoire zu erweitern beschloss ich, alle mir bekannten Harp-Spieler anzurufen mit der Bitte, sie mögen mir doch eines ihrer Licks schenken, was die meisten auch gern und bereitwillig taten.

Licks sind kurze Tonfolgen, die immer wiederkehren und mit anderen Phrasen verbunden werden können. Sie sind quasi Bausteine, aus welchen Improvisationen aufgebaut werden können.

Voll Freude über die neuen Tonkombinationen begann ich nun auch allmählich selbst mit dem Herunterhören einfacher Melodieteile von CDs. Das war zunächst gar nicht so einfach. Meine Methode, dazu ständig zwischen dem CD-Player und dem Klavier hin und her zu laufen, um die Töne eins zu eins herunter zu schreiben, erwies sich als extrem Kräfte zehrend und nervig. Kaum hatte ich einen oder zwei Töne gehört, raste ich zum Klavier um die

Töne zu finden. Leider kam es nur allzu oft vor, dass ich - sobald ich am Klavier saß und experimentierend nach den Tönen suchte - diese wieder vergaß, weil sich ja durch mein Herumklimpern andere Klänge in mein Ohr geschlichen hatten, die die gesuchte Tonfolge überlagerten. Und gelang es mir endlich doch einmal, die Melodie komplett niederzuschreiben, musste ich meist enttäuscht feststellen, dass ich die gesamte Melodie transponieren (also in eine andere Tonart übertragen) musste um sie auf einer geeigneten Harp spielen zu können. Auf diese Art und Weise kam ich nicht weiter.

Zur Vereinfachung und Vereinheitlichung unserer Verständigung hatte mir Roland einmal geraten, mich nicht auf die Töne absolut zu beziehen, sondern alles in Relation zum Grundton zu setzen. Somit ist die Tonart für die Transkription an sich nicht wirklich notwendig, wohl aber den Grundton als solchen hören zu können, um die Intervallbeziehungen zu ihm zu erkennen. Auf diese Information griff ich also zurück und übte mich zunächst im Herausspüren des Grundtons um dann alle weiteren Töne der Melodie in meiner Transkription zu ihm in Beziehung zu setzen. Der Einfachheit halber notierte ich dann doch alles in G-Dur, weil es auf der C-Harp ja sofort als 2.Position spielbar war. Ich übte mich im Hören von Quint, Septim, großer und kleiner Terz, etc. und konnte schließlich sogar während Live-Konzerten interessante Licks mitschreiben. Damit hatte das lästige Zum–Klavier-Rasen endgültig ein Ende.

Komplizierte und rasche Tonfolgen versuchte ich zunächst in ihrer Gestalt zu erfassen, darin wichtige „Zielnoten" auszumachen und anhand mehrerer solcher Zielnoten dann den gesamten Melodieverlauf zu rekonstruieren. Dazu musste ich allerdings die Stelle öfter anhören - was bei Live-Konzerten ja nicht möglich ist, wohl aber zu Hause mit dem CD-Player. Vermutlich steigt meine Kompetenz der Transkription mit meiner Kompetenz als Spielerin. Kann ich komplizierte Melodien einmal selbst verinnerlichen und spielen, werde ich sie dann sicherlich auch relativ mühelos notieren können.

Manchmal höre ich innerlich eine Melodie, sie „läuft dann in mir ab", kann sie aber nicht sofort aufschreiben, sondern muss warten, bis sich die innere ungenaue Gestalt ausgeformt hat. Erst dann, wenn ich sie innerlich singen kann, wird sie aufschreibbar. Daher höre ich oft in einem Lokal etwas, was mir gefällt, kann es aber erst später zu Hause als Nachhall meines inneren Hörens aufschreiben. Ich rekonstruiere auch hier die innere Melodie anhand von Eckpfeilern, Noten, die ich zunächst sicher weiß, und lasse drumherum die vermeintlich fehlenden Töne entstehen. Das funktioniert sehr oft sehr gut.

Voller Freude über meine neu erlangten Fertigkeiten und die vielen neuen Tonkombinationen begann ich sie alle zu üben. Doch seltsamerweise gefielen sie mir plötzlich nicht mehr, irgendwie klang das bei mir alles anders, etwas fühlte sich meistens auch „sperrig" dabei an, ich konnte mit fremden Licks nicht gut in Resonanz gehen. Außerdem vergaß ich die schönen Melodieteile oft sofort wieder, nachdem ich sie gespielt hatte. Ich kann mir bis heute „fremde" Melodien schwer einprägen, vermutlich weil sie nicht aus mir selbst, aus meinem eigenen Inneren, kommen.

Jetzt konnte ich endlich, was ich von Anfang an lernen wollte: mir fremdes Material nutzbar machen – und ich merkte, dass ich eigentlich sehr wenig davon hatte. Es machte keinen Spaß.

So kehrte ich – reumütig – zu der inspirierenden Quelle des Singens zurück. Das Singen, Tanzen, Rhythmisieren führte mich recht zuverlässig zu meinen höchst eigenen Neukreationen, die natürlich inzwischen gefärbt waren vom Spiel anderer Harp-Spieler. Die Quelle des Singens im Wechsel mit dem Spiel hat sich zu einer recht zuverlässigen Quelle der Inspiration entwickelt.

Im Grunde halte ich das Training solistisch zu üben bzw. den Rhythmus selbst halten zu müssen für wertvoller, als zu bestehenden Aufnahmen dazu zu spielen. So kann ich mein Tempo immer an meine aktuelle Tagesverfassung und innere Gestimmtheit anpassen, was meinem Spiel wesentlich mehr Freiheit und künstlerischen Ausdruck verleiht.

Es passierte nun öfters, dass ich meine eigenen Neukreationen im Spielen und Singen aufschrieb, um das Gefundene nicht zu verlieren. Überrascht stellte ich fest, dass ich die selbst entwickelten Licks nicht so leicht vergaß, wie die von der CD „geklauten" – im Gegenteil, der Körper suchte sie immer wieder wie von selbst. Offenbar hatte ich eine große innere Übereinstimmung erreicht mit diesem Zugang zum Suchen und Aufspüren neuer Tonverbindungen.

22. Im Sandkasten spielen – die Körpersprache der Musiker bei der Session

Session meint das relativ spontane Zusammenfinden und Zusammenspielen unterschiedlicher Musiker. Als ich das erste Mal bei einer Session mitspielte, fesselten mich von Anfang an die intensiven nonverbalen Abstimmungsversuche der Musiker untereinander. Da gab es klare und unklare Blicke um Breaks anzuzeigen, ein Solo zu vergeben, zu verlängern, zurückzugeben... Es gab Gesten von sich hebenden oder von sich senkenden Gitarrehälsen, Schritte auf einen anderen Musiker zu oder von ihm weg, Musiker, die die anderen anschauten und solche, die offensichtlich niemanden sehen wollten, weil sie immer zu Boden sahen oder in Trance die Augen geschlossen hielten. Es gab Leute, die das Lokal betraten und mitten in einem Song ihr Instrument auspackten um mitzuspielen, andere die sich gar nicht die Mühe machten, um mit ihrem Instrument auf die Bühne zu kommen, sondern hinten im Lokal mitspielten. Das war alles unglaublich spannend, vor allem weil es sich ohne Worte regulierte.

Was wohl all die Signale und Gesten für Bedeutung hatten?

Irgendwann habe ich all meinen Mut zusammengenommen und mitgespielt. Meine größte Sorge war anfangs, ob ich wohl aus der Situation heraus all die vielen Signale und Gesten würde deuten können? Ich hatte inzwischen beobachtet, welche Anzeichen einem Break vorausgehen, wie ein Spieler ein Solo zugeteilt bekommt, was er tun muss, um dieses länger zu behalten oder wie er es wieder los werden kann, wenn er es eigentlich gar nicht haben mag. Mir fiel rasch auf, dass es große Unterschiede gab in der Klarheit der Musiker und ich lernte auch, dass ich selbst nonverbal sehr klar und deutlich zeigen musste, was ich wollte.

Unklarheiten in der nonverbalen Absprache erlebte ich als extrem anstrengend. Schade um die vielen verlorenen Takte in der Musik, wenn die Band sich erst einigen musste, wer nun solieren sollte.

Ich muss gestehen, dass ich anfangs nicht einmal hörte, wenn jemand zu solieren begann. So spielte ich überall mit und so ziemlich jedem in sein Solo hinein. Besonderen Spaß hatte ich in der Imitation der Melodieteile des gerade solierenden Musikers, der dann meist höchst erstaunt seinen Kopf hob und auch etwas irritiert zu sein schien. Man sagte mir dann, ich sollte weniger und vor allem leiser in die fremden Solos hineinspielen. Erst ab diesem Zeitpunkt stellte ich mir überhaupt die Frage, wie ich denn erkennen konnte, wann jemand ein Solo begann. Zu dieser Unsicherheit trug dazu bei, dass ich noch zu wenig sensibel auf die minimalen Anzeichen körpersprachlicher Abstimmung der Musiker untereinander eingestimmt war.

Inzwischen spiele ich diese lustigen Melodieimitationen bzw. Hin und Hers mit einem Musiker nur mehr dann, wenn ich direkt dazu aufgefordert werde, oder wenn ich selbst jemanden dazu auffordere. Dazu muss ich sehr klar im Blick sein um mich verständlich zu machen und das gelingt auch nur bei Personen, die ich und die mich bereits gut kennen. Gelungene nonverbale Abstimmungen haben viel mit Klarheit aber auch mit gegenseitigem Kennen und Vertrauen zu tun.

Ich liebe diese Vielfalt an rein nonverbaler Kommunikation. Das macht unglaublich viel Spaß. Irgendwie erinnert mich das Spielen während der Session an eine große Sandkiste, wo mal der eine, dann der andere die Schaufel haben darf, um die Burg weiterzubauen. Interessanterweise treten alle sozialen Gestaltungsmöglichkeiten, ähnlich dem realen Sandkasten-Spiel der Kinder, zutage. Musiker erzählten mir, mit wem sie spielen oder nicht spielen mögen. Ich habe nun herausgefunden, dass die Gründe ihrer Ablehnung mit einem anderen nicht zu spielen die gleichen sind, die man von Kindern hört. Um es in der Sandkisten-Sprache der Kinder zu formulieren: derjenige, der seine Schaufel nicht herborgt oder an sich reißt, sie ungern abgibt oder sogar dem anderen wegnimmt – mit dem spielt man halt nicht gern. Ich habe den Eindruck, dass viele unausgesprochene Themen ein Session-Spiel mitgestalten: Themen wie Raum geben und Raum nehmen. Gefühle von Rivalität und Konkurrenz. Aus diesen Gefühlen und Themen heraus ergibt sich oft nicht nur die Qualität der Musik, sondern oft genug auch - zum Leidwesen der Zuhörer - die Lautstärke der gesamten Band.

23. Das Fließen

Ich habe viele Jahre lang Querflöte gelernt, in der üblichen Weise nach Noten gespielt um alte und neue Komponisten zu interpretieren. Ich konnte musikalische Erfahrungen im Solospiel sowie in unterschiedlichen Formationen (Duo, Trio, Orchester) sammeln und ich hatte im Zuge meiner musiktherapeutischen Ausbildung auch die unterschiedlichen Arten der Improvisation kennen gelernt, aber vieles damals in seiner Tiefe noch nicht erfasst.

Die Herangehensweise an das neue Instrument ohne Leistungsansprüche, die beim herkömmlichen Lernen oft dominieren und das gleichzeitige Gewahrsein meiner Ausrichtung nach einer inneren Führung, ließen mich ganz neue Erfahrungen mit den Prozessen der Improvisation machen. Ich spielte also nach Lust und Laune auf der Harp. Dabei fiel mir auf, dass es Tage gab, an denen ich scheinbar nicht in Fluss kam und andere Tage, an denen binnen kürzester Zeit die kreativsten Neuschöpfungen aus mir strömten. Ich entdeckte, dass ich manchmal in eine Art „Fließen" steigen konnte und erlebte dabei jedes Mal einen hörbaren Qualitätssprung in meiner Musik, begleitet von starken euphorischen Gefühlen. Es war, als spielte das Instrument auf mir von selbst!

Auf meiner Suche nach ähnlichen Erfahrungen des Fließens stieß ich auf den Begriff des „Flow" nach Mihaly Csikszentmihalyi. Der Musiker Ove Volquartz schreibt in seinem Buch „Improvisation und Flow-Erlebnis" ausführlich dazu. „Flow" meint ein Ereignis des Verschmelzens von Handeln und Bewusstsein, sozusagen ein Gefühl einer ganzheitlichen Erfahrung, also Handlungen in Selbstvergessenheit, in totaler Hingabe, mit ganzem Engagement. Von einem Moment zum nächsten folgt Handlung auf Handlung, es gibt keine Trennung zwischen Selbst und Umwelt, alles geschieht aus einem einzigen Fließen heraus. Diese Zustände können nicht nur im kreativen Schaffen, sondern beispielsweise auch in spirituellen Erfahrungen erlebt werden. Im Fließen gibt es keinen Dualismus, es besteht eine Art Ich-Verlust, aber kein Kontroll-Verlust über die Handlungen und die Umwelt. Die Aufmerksamkeit wird auf ein begrenztes Reizfeld gebündelt und eine totale Ausrichtung auf das Hier-und-Jetzt passiert. Vergangenheit und Zukunft werden ausgeblendet, das Bewusstsein ist fokussiert und verengt auf die Dimension des Jetzt. Zugleich ist das Bewusstsein aber auch erweitert; es erfolgt eine Ausdehnung des Bewusstseins hinein in eine tiefe Verbundenheit mit der eigenen Intuition, bis hin zu Einheitserlebnissen, Glücksgefühlen, Gefühlen von mystischer Teilhabe, etc. In einem Zustand der Überbewusstheit kann ein

Eintauchen in ein Feld nicht-dualistischer Erfahrung und Transzendenz erlebt werden.

Flow-Erfahrungen sind in sich selbst befriedigend, weil sie tief beglückend und erfüllend sind und in ihren inspirierenden und intuitiv-verwurzelnden Aspekten Verbindungen zum eigenen Tiefenselbst aktualisieren und festigen.

„Fließen heißt demnach, so glücklich zu sein, wie ein Mensch nur sein kann."(O. Volquartz)

Im kreativen, weitenden Prozess des „Flow" öffnet sich der Energie-Körper, Blockaden können losgelassen werden und finden ihren unmittelbaren nonverbal-energetischen Ausdruck, Befindlichkeiten verändern sich unmittelbar als Auswirkung davon. Ein „Eintauchen" ins „Große Ganze", das Erleben von „Heilsein" kann erfühlt, erahnt werden und macht Platz dem Gefühl von Getrenntheitserleben. Direkte Auswirkungen des Flow sind meiner Erfahrung nach Ruhe, Zentrierung, Zuwachs an Vertrauen und Sicherheit, Geborgenheit und Aufgehobensein in der Welt, sowie ein gutes allgemeines Befindlichkeitsgefühl. Tatsächlich fühlt sich der Zustand im Fließen sehr frei und beglückend an. Besonders freute ich mich über meine musikalische Entwicklung während eines solchen Zustands.

24. Inspirationsblitze - Schwebetöne

Inspiriertes Spielen hat nichts mit technischem Können zu tun. Es meint eine innere Haltung, aus der heraus zutiefst authentischer Ausdruck geschehen kann. Inspiration geschieht nur, wenn ich sie zulassen kann und das wiederum gelingt erst, wenn ich frei von Konzepten, Skalen, Melodie-Vorstellungen, eigenen Ansprüchen, Konkurrenzgefühlen etc. und frei von der Angst vor dem Publikum bin. Maximalste innere Freiheit lädt Inspiration ein und beinhaltet zwangsläufig auch das Risiko des Scheiterns. In diesem Spannungsfeld werde ich jedoch hellwach, konzentriert und präsent für jeden Ton, der erklingen will.

Lasse ich alle Gerüste der Sicherheit hinter mir, falle ich zunächst in ein großes Feld der Leere. Aus dieser zunächst einmal höchst unsicherheitsstiftenden Leere bedarf es nur mehr eines kleinen Schrittes um in die dahinter liegende große Weite einzutauchen. Dieses beglückende Feld der Weite – fühlbar als ein entsprechendes inneres sich Weiten und Öffnen – erschafft eine Realität eines inneren „Zwischenraums", in welchem die Verbindung zu den eigenen schöpferischen Kräften gelingen kann. Dieser Zwischenraum ist wie ein Schwebezustand: unbeständig, schwer zu fassen. In diesem Schweberaum ist alles enthalten: alle Ideen, Bilder und vage Handlungsimpulse ebenso wie das Drängen nach seinen Ausformungen. Intuition und Inspiration erschließen sich erst in diesem Zwischenraum. Ihn zu finden und für Momente in ihm zu verweilen ist so unglaublich kostbar! Ihn zu verlieren bedeutet oft das Ende einer wirklich inspirierenden Improvisation. Improvisierte Töne sind Schwebetöne: flüchtig, oft nicht fassbar, heraus gefallen aus dem Meer der großen Unendlichkeit und hereingeholt durch einen Musiker in unsere Welt.

Inspiriertes Spiel ist mit 2 Tönen ebenso möglich wie mit der kompletten chromatischen Skala. Für den Zuhörer ist es hör- und fühlbar, wenn ein Musiker beginnt, sich in ein höheres, größeres Feld einzuschwingen, aus welchem er sich die Kraft der Inspiration nutzbar macht und diese in seine Musik transferiert. Technisch perfekten Musikern fehlt etwas Wesentliches in ihrem Spiel, wenn es ihnen nicht gelingt, sich zu lösen von Vorstellungen, fixen Spielideen, wenn sie es nicht schaffen, sich so frei und leer zu machen, dass sie wie der pure Anfänger aus dem Nichts schöpfen können, es beseelen und beleben.

In meinem eigenen inspirierten Spiel scheint mein Bewusstsein erweitert, geöffnet. Ich befinde mich in einer Art verändertem Bewusstseinszustand, eingetaucht ins „Fließen" und zugleich offen für „Inspirationsblitze" aus einer höheren Quelle, die dem Strömen in meinem Spiel steuernde und richtungsweisende

Impulse geben, das Spiel gestalten, erweitern und meine innere Befindlichkeit anheben. Es ist wie ein Rauschzustand, in welchem Glücksmoment auf Glücksmoment folgt.

25. Der Bluff

Irgendwann war ich nun also in der Lage, bei einer Session relativ angstfrei ein Solo spielen zu können. Ich konnte mich in den Stufen des Blues-Schemas bewegen. Klar, alles war noch relativ einfach gehalten, aber ich fand mich ganz gut mit den Musikern und der Musik zurecht.

Und doch merkte ich, dass es auch beim öffentlichen Spielen Tage gab, wo alles gut in einem Fließen war und Tage, an denen ich zwar schöne Tonkombinationen spielte, aber meine Musik nicht inspiriert klang. Ich empfinde solches Spiel, wo ich nicht in dieses schöne, weite, entgrenzte Feld des Fließens und der Inspiration finde, als ob das Wesentlichste in der Improvisation fehlen würde. Vor mir selbst ist es dann wie ein Riesenschwindel. Wenn ich nur Riffs und Licks aneinanderreihe, anstatt dem in mir Ausdruck zu verleihen, was hörbar werden könnte, wenn ich selbst nicht Momente der Überraschtheit, Augenblicke von Glück und Liebe erlebe, dann fehlt mir eindeutig etwas Entscheidendes.

Seitdem ich selbst den Unterschied in mir fühle zwischen technisch beeindruckender Musik und wahrer Musik, die aus einer höheren Quelle stammt, höre ich, fühle ich auch den Unterschied bei anderen Musikern. Ein Musiker kann noch so perfekt spielen, wenn er nicht Kontakt zu seiner eigenen höheren Quelle findet, bleibt auch sein Spiel nur ein Riesen-Bluff!

26. Das Schönste ist das Sterben der Improvisation

Das Dazukommen von „Inspirationsblitzen" innerhalb des Fließens erlebe ich – wie oben schon beschrieben - als eine Art steuernde und richtungweisende Impulse, um dem Strömen der Musik und mir eine neue Ausrichtung zu geben. Sie beleben und erweitern die Improvisation, heben die Energie in mir und im Raum der Zuhörer an.

Das Sterben ist der unumgängliche, positive Abschluss einer Improvisation. Je lebendiger, je verselbständigter die Improvisation war, desto größer und wichtiger wird sein Sterben, desto mehr schmerzt es und desto mehr brenne ich, das oder Ähnliches wieder zu erfahren. Das Sterben ist das Schönste, weil doch Sterben pures Leben an sich bedeutet, denn mit der Gewissheit des nahenden Todes steigt die Bewusstheit und Achtsamkeit für das Leben und das Lebendig-Sein. Sterben ist deshalb noch intensiveres Leben – denn der Tod steht bereits daneben und erhöht dadurch den Sinn und den subjektiv empfundenen Wert des Augenblicks. Der Sinn und die Sinnlichkeit werden im Jetzt also maximal ausgeschöpft. Im Sterben weiß ich um den bevorstehenden Verlust, um die Bedeutung dieses einzigen Moments, um seine Schönheit und Kostbarkeit und Vollkommenheit im So-Sein! In diesem Sinne wäre es schön, könnte ich immer sterben........

Sterben kann jedoch meine Musik erst, nachdem sie so richtig gelebt hat. So richtig leben ist die Vorraussetzung für so richtig sterben können. Und richtig leben bedeutet, ganz in dieses überbewusste Feld eingetaucht gewesen zu sein, dort nämlich, wo Trennung und Abgrenzung verschoben und aufgehoben waren, wo nicht mehr ich gespielt habe sondern mein Instrument oder wir zu einem größeren Ganzen verschmolzen waren, in welchem es mich als Individuum gar nicht mehr gab. Dort in diesem mystischen Feld geschieht dann immer dieser Qualitätssprung in meiner Musik (den manchmal nur ich empfinde aber oft auch die anderen hören und zurück melden) - dort ist das voll gelebte Leben inmitten eines tranceartigen Fließens und Strömens.

Erst danach, wenn die Musik zu einer Gestalt geworden ist, wenn sie erschaffen und eigenständig geworden ist, wenn sie geboren und zum Leben erweckt worden ist, erst danach kann sie überhaupt erst sterben. Sterben setzt ja Lebendigkeit voraus. Und nichts ist schöner, als einen umfassenden Sterbeprozess erleben zu dürfen. Da geschieht doch so viel: das Loslassen, das Wegbrechen von Gefundenem, von Vertraut-Gewordenem, die Wehmut und der Schmerz, die Angst, die Unsicherheit vor dem Neuen, das sich erst bildet, der Umbruch und die Rückkehr ins Gewohnte, und dieser Nachhall......dieser bittere, wonnige Nachhall, tagelang, vielleicht für immer... der Nachhall der Erfahrung in ein großes Feld hineingeboren zu haben und daraus wieder gestorben worden zu sein......... Im Sterben tönt der Nachhall........wie ein Echo immer wieder - lange........

Wenn die Musik nicht wirklich lebendig war, kann sie danach nicht wirklich gestorben werden, und da das Sterben so intensive Gefühle anspricht, muss ich alles dran setzen, dass die Musik so lebendig wie möglich wird – damit dann das Sterben umso größer ausfällt!

Wien, im Sommer 2005

27. Literaturverzeichnis

Baker, Steve und Demmler, Hermann (1994) „Mundharmonikas" Typen, Techniken, Tonfolgen. Mainz.

Baker, Steve (2000) „Blues Harmonica Play Alongs" Wiesloch

Frank (2003) Neue Jazz-Harmonielehre. Schott Musik International, Mainz

Giger, Peter (1993) Die Kunst des Rhythmus. Professionelles Know How in Theorie und Praxis. Schott Musik International, Mainz.

Häffner, Martin & Lindenmüller, Lars „Hohner, Seydel, Köstler, Koch und die vielen and`ren noch" Lindenmüller. Deutsches Harmonikamuseum Trossingen

Hartlieb, Christine (2004) „Magisches Reisen zum Selbst. Spirituelle Erfahrungen mit Schamanismus und alternativen Wirklichkeiten." Verlag Bohmeier

Letsch, Perry (2005) „Mundharmonika spielen – mein schönstes Hobby" Schott. Mainz.

Meinrad, Walter (Hrsg.) (1999) "Ein Hauch der Gottheit ist Musik. Gedanken großer Musiker." Verlag Benzinger. Düsseldorf und Zürich

Mindell, Arnold (2002) "24 Stunden luzid träumen." Verlag Via Nova, 1.Auflage, Petersburg

Rauchfleisch Udo (1996) Musik schöpfen, Musik hören. Vandenhoeck Transparent, Göttlingen, Zürich

Roessler, Kurt T.J. (2005) Sie spiel(t)en Mundharmonika. Eigenverlag. Ratingen

Volquartz Ove (1999) Improvisation und Flow-Erlebnis Verlag Die Blaue Eule, Essen. Sikora

zur Autorin

Christine Hartlieb, geb. 1968,
A.-Hofmann-Gasse 1-5/3/12, A-2511 Pfaffstätten,
Österreich. www.hartlieb.net

Musiktherapeutin (ÖBM Wien), Pantomimin. Lang-
jährige musiktherapeutische Arbeit mit Kindern und
Jugendlichen, derzeitige Arbeitsfelder: Psychiatrie,
Geriatrie und intellektuelle Behinderung. Freie
Tätigkeit als Kursleiterin für Pantomime und Körper-
sprache. Auftritte mit eigener Solo-Performance.

Autorin des Buches „Magisches Reisen zum Selbst.
Spirituelle Erfahrungen mit Schamanismus und
alternativen Wirklichkeiten." Verlag Bohmeier, 2004.

Veröffentlichung mehrerer Artikel für Fachzeitschrif-
ten aus den Bereichen Musiktherapie, Tanz, intellektuelle Behinderung, Pantomime.